LES RESSOURCES

DU

TONKIN

L. BONNAFONT

HANOI
IMP. DE L'AVENIR DU TONKIN
1910

Le cadre bien modeste de cette courte notice, ne permet pas de longs développements Le lecteur trouvera toutes les indications utiles au paragraphe :

"Documents et travaux à consulter".

Les lignes qui suivent n'ont que la prétention d'être un article de journal documenté, aussi exact que possible quand au fond ; et ayant pour seul objet, de provoquer des initiatives, et d'attirer des capitaux en Indochine.

Août 1910

Louis Bonnafont

*Ancien délégué
de la Chambre d'Agriculture du Tonkin
à l'Exposition Coloniale de Marseille.*

Planteur au Yên-Thé dans le Huu-Lung

LES RESSOURCES

DU

TONKIN

I

Le Gouvernement et l'autorité supérieure locale semblent enfin placer au premier rang de leurs préoccupations, le développement agricole de l'Indo-Chine. D'autres préoccupations d'ordre politique, avaient malheureusement primé ce développement, base de toute richesse, aliment du trafic entre la métropole et nos possessions d'Extrême-Orient, source de fortune pour les finances publiques et particulières.

Si le café a son *himéleia vastatrix*, l'agriculture locale avait le sien en la politique de défense de telle ou telle cause passagère.

La nécessité de la mise en valeur du domaine colonial indochinois se pose aujourd'hui d'une façon d'autant plus nette, que les résultats acquis sont moins discutables et que la paix intérieure est plus assurée

La colonisation ne devrait être qu'une affaire. Le jour où nos compatriotes de la métropole seront convaincus qu'il y a de l'argent à gagner au Tonkin, ce jour-là, le Tonkin sera aimé et défendu. En donnant quelques détails sur les cultures du pays, sur les résultats déjà acquis, nous espérons montrer que le Tonkin, non seulement offre des ressources, mais que ces ressources sont certaines d'augmentation.

Si les capitalistes de France connaissaient mieux les questions de l'Agriculture coloniale, et les revenus que l'on peut tirer de la terre indochinoise, ils n'hésiteraient pas un instant à ne plus se confiner dans le 3 pour cent sur l'Etat, les chemins de fer russes ou les mines du Transvaal. Pour ne parler que des plantations de café ou de murier, dès que ces plantations sont en rapport, elles donnent après cinq ans, le montant de la somme engagée, intérêts compris. Les cultures, riz, tabac, thé, caoutchouc, donnent des revenus similaires. D'autres cultures ont un rendement beaucoup plus élevé : le maïs, le ricin, le manioc par exemple. En règle générale, tous ceux qui travaillent avec économie et méthode font rendre à l'argent du trente à cinquante pour cent en agriculre coloniale.

Mais alors, direz-vous, tous les planteurs du Tonkin sont devenus millionnaires. Non, mais s'ils ne le sont pas devenus, c'est parce que la plupart ont débuté avec des capitaux insuffisants. Plusieurs ont vu trop grand et ont demandé des surfaces de terre si considérables, qu'il leur eût été impossible, avec l'argent dont ils disposaient, de créer non pas les plantations qu'ils auraient pu y créer, mais seulement les routes permettant de circuler dans leurs immenses domaines. D'autres ont dû emprunter ; d'autres ont spéculé escomptant une revente possible des terres aux indigènes, tout au moins une location ; d'autres enfin ont été troublés dans leurs travaux, par les incursions des pillards. Mais l'expérience est venue avec le temps, elle a été acquise par l'administration comme par le colon ; et aujourd'hui, la répression plus énergique de la piraterie et les travaux d'irrigation d'une part ; une pratique chèrement payée, de l'autre, ont fait que les conditions de mise en rapport actuelles, ne sont plus du tout ce qu'elles étaient jadis.

Les exportations qui en 1896 étaient pour le Tonkin seulement, de sept millions et demi, étaient en 1909 de soixante-dix millions de francs. L'époque est très rapprochée où le Tonkin à lui seul exportera pour plus de cent millions. Il est d'ores et déjà certain que le chiffre de 1910 dépassera de beaucoup celui de 1909. Ici, nous ne tablons pas sur des on-dit, ou sur des contingences, nous tablons sur des documents officiels : Rapports de directeurs des Douanes, et surtout les excellentes *Statistiques commerciales* de J. Goubier, auxquelles nous ferons des emprunts, au cours de cette étude.

II

Le Riz et ses dérivés. — Le riz est la principale culture du Tonkin. Plus de deux cent mille tonnes seront exportées en 1910. Les surfaces cultivées ont suivi une progression constante depuis dix ans. Leur extension est encore favorisée à l'heure actuelle par une plus grande sécurité du nhaquê, et par l'exécution de grands travaux d'hydraulique agricole. Des milliers d'hectares en friche ont été, ces dernières années, restitués à la riziculture, et les indigènes comme les Européens commencent enfin à comprendre la nécessité d'une sélection des qualités. Le développement de cette culture se poursuit méthodiquement. L'introduction de la culture et surtout de la récolte mécanique sont à souhaiter. Au moment de la récolte, certaines régions manquent de bras. C'est une conséquence de l'extension considérable de cette culture et de l'arrivée à maturité des épis à peu près partout en même temps, dans une même zone.

Plus des deux tiers des sorties sont effectuées sur l'étranger, Hong-Kong, Chine, Japon et autres pays d'Asie, et ce commerce est surtout entre les mains des Chinois.

Le Tonkin est arrivé à importer en France autant de maïs que la République Argentine ou la Roumanie, soixante mille tonnes en 1909 alors qu'en 1904, les exportations de cette denrée n'étaient que de cent tonnes. Le courant d'exportation sur la métropole, né en 1905 poursuit régulièrement sa marche ascendante. Ce mouvement comme celui du riz, profite surtout aux courtiers chinois. Nos armateurs de la métropole et les cultivateurs sur place, y trouvent cependant des avantages très certains.

L'emploi du maïs se généralisant de plus en plus pour la fabrication des alcools industriels, il y aurait lieu d'étudier la création au Tonkin, d'importantes distilleries pour l'approvisionnement des pays voisins.

Le **coton** a donné tantôt d'excellents résultats, et d'autres fois est mal venu, souffrant beaucoup des variations de la température. La vérité est que la plupart des essais ont été pratiqués à la hâte et sans fumures, dans des terrains quelconques. J'ai fait quelques essais avec des espèces vivaces d'Amérique, qui ont donné de bons resultats. Le coton indigène vient par contre, en abondance et avec la plus grande facilité. Il est certain que la culture d'espèces étrangères : Egypte, Australie, prendrait une grande extension entre des mains expérimentées. Quantités exportées en 1909 : deux cent cinquante tonnes.

Les deux premières tonnes de **café** exporté du Tonkin, l'ont été en 1901, et provenaient de Phuly Ninh-Binh. En 1908, il en a été exporté cent quarante six tonnes ; en 1909, deux-cent dix-neuf tonnes ; et 1910, verra dépasser les trois cent tonnes Les cafés du Tonkin ne sont pas exempts des maladies habituelles : anguillules, teignes, insectes xylophages, vers, fourmis, pucerons, etc,. mais ces maladies n'ont jamais atteint l'intensité de celles reconnues dans l'Inde, à Java ou à Ceylan. Le café du Tonkin est excellent, et s'est fait une place sur les marchés du Havre et de Marseille, où il est très demandé. Les bénéfices laissés par cette culture sont considérables, mais il faut avoir la patience d'attendre quatre ou cinq ans, persévérer, et cultiver d'une façon méthodique. Il y a beauconp à espérer de son développement, qui suit une marche constante. A signaler comme plantations modèles, celles de MM. Borel, Bernard et Perrin. Presque tous les planteurs ont une surface de terre plus ou moins grande plantée en caféiers.

L'Arrow=root, donne d'excellents résultats en terres riches en humus. On ne s'explique pas que sa culture ne soit pas plus répandue. Les indigènes aisés en apprécient la farine, mais ignorent ses autres utilisations.

Le manioc, par l'abondance de ses produits et la multiplicité de ses emplois, par son accommodement aux divers sols, est une plante de première importance. Il est employé soit comme aliment, soit comme matière première de l'industrie, soit comme fourrage. On le cultive un peu partout au Tonkin, et le peu de soins qu'il exige du cultivateur, l'ont vite fait rentrer dans les cultures courantes. Il y a dix ans, personne n'en parlait. En 1909, *plus de mille tonnes* étaient exportées sur Marseille, Le Havre et Dunkerque. Cette culture a pris, depuis deux ans, un grand développement.

La canne à sucre était, il y a seulement un demi siècle, l'objet d'une grande culture de rapport. Après avoir été délaissée pendant un certain nombre d'années, elle revient en faveur, surtout dans la moyenne région. Les procédés de culture et surtout d'extraction du sucre sont des plus primitifs, et cependant le rendement est tel qu'il suffit non seulement à la consommation indigène, mais qu'il donne lieu à une légère exportation. Là encore nous constatons une plus grande production constante et un avenir certain.

Les Thés du Tonkin peuvent rivaliser avec les thés de n'importe quel pays. Le " truc " employé à Ceylan, et qui consiste à parfumer les boîtes avec quelques gouttes d'essence de théine, est inconnu ici. Les fleurs desséchées du thé du Luc-Nam sont, sans adjonction d'essence, aussi parfumées que celles préparées à Java ou ailleurs. La région du Luc-Nam était très renommée jadis chez les Chinois, qui en avaient fait un important marché de thés de luxe. Par une de ces bizarreries, assez communes dans les colonies françaises, personne n'a cherché à trouver un débouché à cette marque justement estimée. Un colon français M. Chaffanjon, a créé dans la région de Hung-Hoa des plantations et une maison d'exportation actuellement en plein rapport. Nombreux sont les colons et les indigènes s'adonnant au commerce ou à la culture de ce produit, dont il n'est exporté annuellement qu'une cinquantaine de tonnes, mais dont on pourrait facilement exporter le double et le triple, s'il était mieux connu en Europe. L'arbre à thé vient au Tonkin en abondance et avec facilité, et il est regrettable que le traitement et la préparation de la feuille, en soient restés aux méthodes primitives en général, comme il est regrettable que l'on n'ait pas plus fait, en France, pour la diffusion du " thé Tonkin "

Constatons simplement l'extension croissante de sa culture.

Combien les Japonais sont plus avancés que nous dans cet ordre d'idée ! Le " *Japan Mail* " parle d'une machine pour la préparation du thé, inventée au Japon, qui, recevant la feuille fraîche, la livre à l'état de thé prêt à être emballé.

Le **tabac** convient à de nombreuses terres et au climat du Tonkin. La culture et la préparation locales sont loin d'avoir pris le dévoloppement que l'on est en droit d'espérer. Certains auteurs parlent cependant d'un bénéfice de trois mille francs par hectare, avec cette seule culture. Le chiffre d'exportation est insignifiant. Il est bon de tenir compte que les indigènes de la moyenne région n'en cultivent que pour leur consommation personnelle, et qu'une usine à Hanoi en prépare d'assez grandes quatités pour la consommation sur place.

Rappelons pour mémoire les farines diverses et fécules, les **légumes secs**, dont l'exportation croissante atteint un millier de tonnes par an, les fruits frais ou tapés (mandarines, letchis, ananas, etc.), le caoutchouc, le charbon de bois, les espèces médicinales indigènes, *les joncs et roseaux* dont on exporte quinze cents tonnes, les cunaos, etc...

Enfin les **textiles**, depuis le jute jusqu'aux fibres de bananier et d'ananas, ne donnent lieu qu'à de faibles transactions, bien que toutes les variétés de plantes textiles poussent avec une extrême facilité au Tonkin. Il en est de même du **bancoulier** ou *noyer des Moluques*, qui croit avec une grande rapidité, que l'on trouve en quantité à l'état sauvage, et dont presque personne ne s'occupe. L'huile est cependant supérieure à celle de lin au point de vue siccatif. Aucune mesure n'a été prise pour augmenter la production de la badiane (région de Dong-Dang). *L'arachide* et le *sésame* ont pris un immense dévelopement, ces dernières années. Le commerce de ces graines est, à peu près monopolisé par les Chinois.

Combien de plantes introduites déjà ou à introduire, et dont on pourrait tirer un précieux parti ! Le sisal par exemple, et les variétés d'agaves.

Combien d'arbres tel l'olivier, qui n'ont pas été acclimatés et dont nous pourrions avoir, à l'heure actuelle, des plantations de rapport !

Caoutchouc. — Exportations pour le Tonkin et la région de Vinh : deux à trois cents tonnes, en attendant que les plantations soient en rapport. Ce produit a été jusqu'à ce jour, exploité sans méthode et au petit bonheur.

Un dicton veut que là où croit l'arbre à thé **la vigne** ne puisse venir. Ce n'est qu'une légende. Le thé et le vin sont si peu ennemis qu'il fraternisent au Tonkin sur les mêmes terres. Nous prétendons que l'on peut obtenir non seulement du raisin de table — l'expérience est concluante sur ce point — mais du raisin de cuve. Les pieds de vigne actuellement en rapport au Tonkin, et donnant plus de vingt kilogs de raisin, ne sont pas rares. Des essais d'importation des vignes de Chine et du Japon, pratiqués concurremment avec le Gamay de Bourgogne, le Verdot de Bordeaux et le Martelet, ou les variétés d'Algérie, doivent réussir.

Il ne saurait être question pour le Tonkin de grande viticulture, ni d'exportation des produits ; mais il est très possible d'avoir du raisin à discrétion et de faire du vin.

J'ai obtenu d'excellents résultats par la culture en treille, le raisin étant suspendu au dessus de la tête à deux mètres du sol au moins, sur un treillis en bois ou en fer, de façon à éviter l'humidité. Deux tailles sont nécessaires, l'une en fin d'année, l'autre au printemps. La récolte a lieu en juillet et août, et les raisins sont d'autant plus beaux, qu'ils sont moins serrés, et mieux préservés des insectes. Planter dans un sol assez élevé en faisant le fond de la bouture, avec des gravats, des débris et du fumier. La vigne ici a une puissance de végétation extraordinaire. Elle donne parfois dès la deuxième année.

Région à recommander : entre Kep et Dong-Dang.

Huiles. — Le Tonkin peut être en d'état d'approvisionner la Métropole en huiles à peinture ou industrielles : huiles d'abrasin, de bois, de camélia, de garcinia, de cotonnier, de bancoulier, de ricin, de sésame, d'arachides, etc. Sa production peut se centupler en cinq ans. Par quel phénomène la France importe-t-elle de l'étranger plus de cent mille tonnes de graines de lin destinées à être transformées en huile, tandis que la colonie, dont les capacités de production en huiles siccatives et à machines sont presque illimitées, n'en exporte pas sur la métropole ? Un comble : l'administration des chemins de fer au Tonkin, emploie une huile américaine ! L'industrialisation des huiles indigènes est certaine de prospérer, et ce n'est qu'au manque de flair et d'audace des capitalistes français, que nous devons d'aller acheter à l'étranger, des produits que nous devrions avoir à profusion chez nous.

Résines. — Je répèterai pour les résines ce que j'écrivais dans ma notice *Les huiles et résines au Tonkin*, en 1905 : "les richesses en gommes, résines, lianes, de l'Annam-Tonkin, sont encore imparfaitement connues, parce que les forêts de ces pays ne le sont pas". Les indigènes eux-mêmes ne sont pas d'accord sur le nom des arbres ni sur l'utisation des produits.

La résine la plus exploitée est celle provenant des *trams*. Elle fait actuellement l'objet d'un trafic assez important (baguettss odoriférantes, essence de térébenthiue, calfatage d'embarcation). Il en est vendu pour l'utilisation sur place, dans les quatre à cinq cents tonnes par an. Principales régions productrices : provinces de Quang-Yên et de Bac-Giang.

Les **produits d'origine animale** les plus exploités sont : **les peaux de bœufs, de buffles** et de fauves ; **les cornes** de buffle, de bœufs sauvages, et de cerfs ; **les plumes** de parure et de volaille, la cire d'abeilles, la soie en anneaux, la bourre et les fils de soie.

Les **produits d'origine végétale** : cardamones (Rivière claire, Rivière noire, Thai-Nguyên), **la badiane, les champignons secs**, la rhubarbe, le vétiver et le gingembre, les fruits du sapendus (arbre à savon), les écorces de palétuviers, le **st ck lac** (Haute Rivière Noire), la bourre soyeuse des fougères, la **ramie,** les rotins, le laurier du Japon le chiendent, *et les mœlles de certains arbres ou joncs* pour la confection de casques.

Il ne faudrait pas supposer que l'exploitation de ces produits soit peu rémunératrice ou ne soit pas susceptible de grands développements. Je suis persuadé que l'exploitation méthodique des plumes de volaille et d'oiseaux ou des champignons secs par exemple, peut donner lieu à un gros chiffre d'exportations.

Un de nos compatriotes, M. Lejeune, a lancé dans le commerce d'excellentes laques provenant de l'exploitation du *Rhus Vernicifœra.* Un autre, M. Demange, s'est fait une réputation méritée et une fortune, avec l'exploitation de multiples produits végétaux et animaux, inutilisés avant sa venue ici.

Mais le capitaliste français a peur, il ne veut pas courir d'aléas. Le Tonkin ne lui apparaît pas comme un pays neuf et plein de ressources ; il lui apparaît comme un nid à pirates. Le capitaliste attend que les pauvres diables, les colons " marécageux " lui apportent l'affaire sûre, un bœuf sur un plateau, en échange duquel il consentira à donner un œuf. Il ne sait pas oser — en matière d'agriculture coloniale du moins. Il me souvient qu'à Marseille, lors de l'Exposition coloniale, j'allai voir un négociant français s'occupant d'essences et d'huiles à parfums. Je l'entretins de la citronnelle dont la culture et l'exploitation sont ici on ne peut plus faciles. Il avait des plantations dans l'Inde et était acheteur de n'importe quelle quantité, *quai Marseille*. Je lui parlai de la possibilité d'une vaste plantation au Tonkin. Au Tonkin ?... répéta-t-il, comme stupéfait. Non, cela ne lui disait rien. Dans l'Inde Anglaise, oui. Quai Marseille, oui. Dans une planète, peut-être. Mais au Tonkin, non.

Produits forestiers. — Il a été exporté des bois pour pavage et il s'en exporte actuellement sous la forme de traverses pour chemins de fer. On pourrait exploiter les bois à douves, certains bois imputrescibles, et faire des plantations de camphriers. Les multiples lianes et les palmiers nains, ne sont utilisés que par les indigènes et les chinois, lesquels ont détruit déjà des millions de ces palmiers pour la confection de cannes, manches d'ombrelles et montures d'éventail. Les écorces et bois de teinture ou odorants, ceux servant à la confection des boîtes de cigare, et ceux susceptibles d'être employés dans les constructions navales, font l'objet d'un léger trafic. De multiples fibres souples, extraordinairement résistantes, des écorces à fibres spéciales, qui trouveraient certainement leur emploi en France, sont inutilisés. Il en est de même d'immenses forêts de bambous et de bananiers sauvages, dont l'utilisation dans la fabrication des celluloses est tout indiquée.

Produits divers. — Fabriques de **Nattes de Phat-diem** (province de Ninh-Binh) dirigées par des chinois et employant encore le métier Jacquart primitif. Production : 2000 rouleaux de 37 mètres par an. Exportation en 1901 : 3400 tonnes.

Pour mémoire citons : les hamacs, incrustations, broderies, meubles sculptés, nacres, fils de con cuoc, écailles de tortues, plumes d'aigrettes, curcuma, indigo, jute **albumine et jaunes d'œufs**, cheveux d'indigènes, conserves, kapoc, etc...

Produits de pêche. — Il est incompréhensible qu'aucune Société ne se soit encore montée pour l'exploitation des pêcheries et poissonneries de la baie d'Along. Deux mille tonnes de poissons figurent à l'exportation pour 1909. Mettons qu'il en a été exporté dix fois autant par les jonques chinoises qui oublient de venir faire leur déclaration en douanes, et que le sextuple a été consommé sur place.

Chaque année, six à sept cent jonques chinoises d'un tonnage variant entre 40 et 100 tonnes, viennent de Pac-Khoï et des ports de l'île d'Haï-Nam, dans le Golfe du Tonkin se livrer à la pêche. Elles rapportent à leur port d'attache de 20 à 25000 tonnes de poisson préparé, qu'elles exportent ensuite sur les principales ville de Chine, au Yunnan, à Sumatra, Java et Bornéo. Cette énorme quantité de poissons, donne lieu à des transactions multiples, à un mouvement très important d'affaires, nécessitant la coopération de nombreux intermédiaires qui s'enrichissent à nos dépens, *sans aucun profit pour le Protectorat*.

Voici donc encore une industrie certaine de succès qui procure à des asiatiques de fructueuses recettes, bien que ces derniers n'emploient que des engins très rudimentaires ; et que nos armateurs et patrons chalutiers de la Métropole, autrement outillés pourtant, dédaignent ou ignorent.

La création d'une entreprise de chalutage à vapeur, tout en enrichissant la population du littoral et le pays, laisserait des bénéfices considérables aux actionnaires, car le Golfe du Tonkin et en particulier la baie d'Along sont classées parmi les eaux les plus poissonneuses du monde.

Coton filé. — Disons tout à l'honneur de nos filatures locales (Haiphong, Hanoi, Nam-Dinh) que leurs produits sont de plus en plus appréciés par la Métropole et surtout par la Chine (Yunnan, Hong-Kong). Exportation par voie d'eau et de terre, en fils, déchets et coton brut : deux mille tonnes environ. Industrie en excellente voie de prospérité et de développement.

Il en est de même de l'*Huilerie* et *savonnerie* de *l'Extrême Orient* (Haiphong). Il en sera de même de la *Manufacture des tabacs* de Hanoi.

Sériciculture. — Malgré les défauts des éducations, ici, la sériciculture est une des branches les plus importantes de l'Agriculture. La France achète pour ses besoins, toutes les années, pour plus de cent milions de francs de soies grèges d'Extrême-Orient. Le Tonkin à lui seul peut en fournir la plus grande partie, et en tous cas produire trois fois plus de soie que la France entière.

L'élevage des vers à soie y est pratiqué depuis des siècles, et grâce à l'aide du Gouvernement général, qui cherche par divers moyens à le favoriser, il a pris, ces dernières années, un développement considérable. L'étendue des terres cultivées eu mûriers comme la production des cocons va sans cesse augmentant. La race locale est robuste et vivace, *plus que les races d'Europe*. Le mûrier pousse très facilement et le climat permet de faire des éducations toute l'année. La qualité des graines est toujours parfaite, grâce aux sélections et à l'examen microscopique pratiqués à l'établissement de grainage de Phu-lang-Thuong, qui fournit un minimum annuel de trois millions de pontes, à tous les indigènes qui en font la demande. En 1909 ce chiffre a été dépassé d'environ trois cent mille. L'administration s'est imposée de lourds sacrifices pour l'extension de cette industrie. Elle paie trente mille piastres par an à la maison Varenne et Cie de Lyon, pour la fourniture de trois millions de pontes sélectionnées, et a dispensé d'impôts pour cinq ans les terrains plantés en mûriers. D'autre part, elle donne une prime à l'exportation des soies grèges. Ces diverses mesures ont eu pour conséquence un développement rapide et toujours croissant de l'industrie séricicole (Thai-Binh, Nam-Dinh, Bac-Ninh, Bac-Giang, Kien-An, etc.) Les provinces de Yên-Bay et de Tuyên-Quang viennent de suivre cet heureux mouvement.

Vingt-cinq tonnes de soies grèges, déchets et bourre de soie, ont été exportées sur la métropole en 1909, et dix tonnes de soie grège sur l'étranger. Au total 35 tonnes représentant plus d'un million de francs. Ne sont pas comprises dans ces chiffres la consommation locale qui est assez importante, les exportations par la frontière de terre qui échappent au contrôle de la douane, ni les excellentes étoffes en tussor fabriquées et vendues sur place.

A signaler à Thai-Binh la création d'une Société *indigène* pour la filature des cocons, selon les méthodes européennes ; en pleine exploitation, à l'heure actuelle.

De nombreuses magnaneries modèles ont été créées par les soins de l'administration (Yên-Vien, Phu-lang-Thuong, Phu-Ly, La-Pho, Tuyên-Quang, Yên-bay, Nam-Dinh, etc.,) à l'effet de propager les meilleures méthodes d'élevage.

Actuellement, la station séricicole de Phu-lang-Thuong termine des essais *qui ont donné d'excellents résultats*, afin de propager l'élevage des races à cocons blancs, destinés à supplanter en Europe la soie blanche de Canton.

Minerais divers. — Les houilles et charbons Tonkin produisent annuellement quatre cent cinquante mille tonnes, dont la moitié est exportée, et le restant consommé sur place (Navigation fluviale, railways, industries locales, etc.). Cette production, déjà considérable, peut-être décuplée.

Production annuelle du minerai de **zinc,** cinquante mille tonnes ; **d'étain,** deux cents tonnes ; de **wolfram,** dix-sept tonnes ; de **cuivre,** cinquante tonnes. La production de ces diverses catégories de minerais suit une marche régulièrement ascendante.

Le nombre de prospecteurs s'augmente tous les jours comme aussi le nombre de périmètres pris ; et de nombreuses sociétés minières sont en formation. La présence de multiples gisements de fer, de cuivre, de zinc et de *phosphates* est aujourd'hui établie, démontrée par des spécialistes.

L'amélioration des moyens actuels de communication et la création de voies complémentaires de pénétration, faciliteraient l'essor des exploitations minières, autant que le développement des exploitations forestières et agricoles. Il suffit de jeter un coup d'œil sur la carte géologique du Tonkin, dressée par le service des Mines, ponr se convaincre de la réalité des multiples richesses minières que renferme le pays : antimoine, or, argent, plomb, fer, etc., etc..

Ciment. — La Société des Ciments de l'Indochine (Haiphong) fournit des qualités absolument identiques à celle des meilleurs ciments d'importation. Son approvisionnement en calcaires est assuré (île des deux Songs) d'une façon indéfinie. Sans compter la consommation locale (6 à 10.000 tonnes) l'exportation a atteint trente mille tonnes en 1907.

Documents et travaux à consulter. — Les Sociétés et capitalistes ont tout intérêt à consulter *Le Bulletin économique* publié par la Direction de l'agriculture, des forêts et du commerce, et plus particulièrement le numéro de Juillet-Décembre 1909 du *Bulletin : Le Tonkin en 1909* par G. Dauphinot ; l'excellente *Carte du Tonkin Économique* de M. H. Brenier ; et les rapports de M. Lemarié. *La Revue des cultures coloniales, et le Bulletin de la Chambre d'Agriculture du Tonkin*, depuis leur origine. Ils peuvent également consulter la *Notice sur la carte géologique et les mines de l'Indochine* (Gouvernement général 1909), *les Statistiques Commerciales* du Port de Haïphong, enfin les *Bulletins des Chambres de Commerce* et les *Études diverses* sur des questions économiques, parues depuis vingt ans dans les journaux locaux.

Des visites au **Musée commercial**, indispensables ; aux établissements séricicoles (Phu-lang-Thuong et Nam-Dinh), aux filatures et usines, aux docks enfin, compléteront leurs renseignements. Quelques conseils demandés aux vieux colons, dont ils visiteront les plantations, leur éviteront des dépenses inutiles et des tâtonnements qui ne doivent plus exister à l'heure actuelle.

Tout ce qui est écrit dans ces publications diverses, n'est pas parole d'évangile, mais la plupart représentent cependant des travaux sérieux de documentation.

Je termine cet exposé trop succinct par cette

simple " locale " de Haïphong, parue dans *l'Avenir du Tonkin* du 10 juillet 1910, sous la signature du correspondant habituel, M. H. Tirard. Elle en dit plus dans sa simplicité, que les longues nouvelles pessimistes ou stupides des journaux politiques de France :

L'exportations des céréales et des minerais. — " On travaille jour et nuit aux docks de M. Briffaut. Actuellement, on compte plus de 20.000 tonnes de grains en magasins, pour la plus grande quantité du maïs.

Le 12 juillet, la S. B. I. attend le vapeur " Nippon " qui vient de Hakodaté et qui chargera 3500 tonnes de maïs.

Le 16 juillet " l'Euphrate " des M. M. est attendu et il emportera 3000 tonnes de maïs et de riz.

Le 20 juillet, la maison Speidel et Cie attend le vapeur " Brasilia ", de la " Hamburg américa Linie " qui prendra 5000 tonnes de maïs.

Le 23 juillet, " l'Amiral de Kersaint ", des Chargeurs Réunis, prendra 2500 à 3000 tonnes de maïs et de riz.

Le 30 juillet, la S. B. I. attend un vapeur affrété qui chargera 5000 tonnes de maïs et de riz.

Enfin, dans les premiers jours d'août, le vapeur " Cambrian King ", affrété par les Chargeurs Réunis, viendra enlever un chargement de 4 à 5000 tonnes.

" L'Euphrate " des M. M. qui partira vers le 15 juillet prochain, emportera 1200 à 1500 tonnes de minerai provenant de la mine de Langhit.

Les exportateurs passent des contrats d'achat de maïs et de riz quotidiennement pour des quantités importantes à des prix avantageux. Les arrivages aux docks sont de 13 à 1500 tonnes par jour. Les sacs sont empilés sur une hauteur de 28 mètres.

M. Briffaut fait construire deux magasins supplémentaires ".

III.

Jardins d'essais. Jardins botaniques. Champs d'expériences. Stations agricoles.
Jardins d'essais.

Ils ne doivent avoir qu'un but : améliorer et ac-
croître la production agricole de la colonie. Leur
raison d'être : répondre de la façon la plus pratique
aux questions que peuvent avoir à se poser les planteurs en matière de cultures. Leur rôle : fournir aux colons les graines et plants nouvellement introduits, ou
dont la conservation et la venue ont besoin de soins
spéciaux, afin d'éviter aux agriculteurs des expériences coûteuses ou inutiles.

Sous ce rapport, le Jardin de Hanoi a rendu de
grands services aux planteurs en leur distribuant
soit à un prix très réduit, soit gratuitement, nombre
de graines et de plantes économiques. M. Lafitan a
fait beaucoup pour transformer en jardin pratique
ce qui, avant sa venue, n'était qu'un jardin d'agré-
ment.

Les progrès du Tonkin en richesse et en civilisa-
tion dépendant directement des progrès de l'Agriculture ; plus ce service officiel sera organisé prati-

quemeut, plus vite le pays atteindra sa plus haute
porspérité. Jardins d'essais et champs d'expériences
ont été critiqués parce que ne répondant pas toujours,
de par le choix des emplacements et de par les
résultats tangibles, au but à atteindre.

La période de la conquête et la période de la
pacification sont terminées, *l'âge de l'Agriculture* est
venu pour le pays.

Le rôle du service de l'agriculture, des forêts et
du commerce, consiste aujourd'hui à organiser l'exploitation agricole, afin d'augmenter la valeur de ce
morceau de France. Ce rôle doit être prépondérant
et avoir un caractère essentiellement pratique. Et
quoi de plus pratique que de fournir des plants tout
prêts pour les plantations des agriculteurs, au lieu
de les obliger à subir des délais auxquels ils seraient
condamnés, s'ils étaient obligés de les produire eux-
mêmes? Appelez ces jardins, ou ces pépinières, ou
ces champs ou ces stations, du nom que vous vou-
drez, elles doivent avoir un objet double :
servir de modèle aux indigènes, et fournir des plants
de grande culture.

Ces jardins devraient être exploités d'abord dans
les conditions se rapprochant le plus de la réalité, c'est-à-dire sans machines spéciales, absolument
comme exploiterait un agriculteur colonial prati-
quant une méthode et l'économie. Indigènes et Européens consacrés aux choses de la terre, y devraient
trouver tout ce dont ils peuvent avoir besoin. Il n'y
a peut-être pas au monde un pays où l'Etat soit si
immédiatement et si directement intéressé à l'Agriculture, puisque des récoltes au Tonkin dépendent
la paix intérieure, les recettes de douane, la rentrée
des impôts, voire même la santé publique.

La direction de l'Agriculture et du Commerce

publie un *Bulletin Economique* excessivement intéressant, certes, mais où l'on aimerait voir à côté des
études documentées, des rapports *réguliers* sur les
essais faits, les résultats obtenus, les plants distri-
bués, " l'avancement agricole " si je puis m'expri-
mer ainsi, accompli dans telle ou telle région. Des
brochures sur tels ou tels résultats définitifs, impri-
mées en quoc-ngu et en français, devraient être en-
voyées aux notables agriculteurs indigènes, et aux
planteurs européens.

Irrigations — De nombreuses études ou travaux
d'irrigations ont été entrepris ou exécutés par le
Protectorat. Ce ne sont pas là des dépenses à pro-
prement parler mais des placements. Ils impliquent
l'enrichissement et non l'appauvrissement du pays.
Ce dernier, sous la forme d'impôts et de taxes diverses, récupèrera avec des bénéfices énormes, les dépenses consenties. C'est pourquoi il est absurde de crier
à la faillite de la colonie parce que les fonds d'emprunt ont servi et servent encore aux travaux de
chemin de fer et d'irrigation. Dans l'évolution de
tous les pays neufs, il y a une période " de gestation ",
période pendant laquelle le pays ne " rend " pas
encore ; mais cette période, courte d'ailleurs, est
nécessaire avant la venue des années " grasses " qui
permettent de réaliser. C'est contraire à la loi de na-
ture que de récolter avant d'avoir semé.

Difficultés financières. — Elles sont nées des
grands travaux, de l'entretien du corps d'occupation,
de la répression de la piraterie. Il a fallu tout créer
en même temps : casernes et hôpitaux, écoles et routes, tribunaux et cultures. Mais le Tonkin, par ce
que nous avons vu précédemment (chapitre II) par
ses ressources presqu'illimitéss, mérite et justifie la
confiance et le crédit.

Piraterie. — Elle exista bien, effective, et en dépit der affirmations de MM. de Lanessan, Doumer et Beau, jusqu'en 1909. M. Klobukowski, osa s'attaquer à l'intangible Dê Tham, le dernier, mais le plus suprême espoir des bandits et des révoltés. Sa puissance est nulle maintenant, et toutes proportions gardées, la personne et les biens des particuliers ne courent pas plus de dangers au Tonkin, que dans la métropole.

Les causes d'insuccès de diverses entreprises commerciales, agricoles ou industrielles, tiennent à une chose fort simple, que je résumerai en deux mots : *il n'y avait pas l'homme de la situation*. Ici, nous voyons un jeune sot, aussi nul que paresseux, diriger une très grande entreprise agricole. Celle-ci ne donne naturellement pas ce qu'on attendait. Là, un chevalier d'industrie monte une affaire industrielle de colonisation. Il sème autour de lui une série de petits désastres financiers. Ailleurs, l'établissement et la direction d'une usine à papier est confiée à un entrepreneur quelconque, alors qu'elle aurait dû l'être à un spécialiste. Résultat : fiasco complet, bien que l'affaire soit excellente en elle-même. Autre part, et c'est ici la vraie cause des neuf dixièmes des échecs, surtout en matière agricole, le colon ne dispose que de capitaux très insuffisants, ou ne possède pas cette expérience des hommes et des choses du pays, absolument indispensable pour réussir. Toutes les affaires agricoles ou industrielles lancées au Tonkin, auraient réussi, s'il s'était trouvé à leur tête un homme technique et des capitaux suffisants. Il ne faut pas dire : " Au Tonkin il n'y a rien à faire " car cela est faux ; il faut dire : " Le Tonkin manque de spécialistes et d'argent ".

Il y a plus de mille périmètres miniers de pris dans

le pays. Combien de mines sont actuellement en exploitation régulière ? quatre ou cinq. Cela, parce que 995 propriétaires sur 1000 se sont découverts toutes les capacités nécessaires à l'ingénieur et au financier, alors qu'ils n'avaient que le désir de faire fortune rapidement.

Les sottises les plus solennelles ont été écrites, en France surtout, sur le capital nécessaire au planteur. Dans un livre officiel on parlait de cinq mille francs. Celui qui a écrit cela, n'a jamais récolté un kilog de haricots planté dans la brousse, par ses soins et à ses frais. Le premier sac de café récolté sur une plantation revient à plus de cinq mille francs. Ce n'est que dix ans plus tard que ce même sac revient à cent sous.

Administration et colonisation. — Si le rôle principal dans le développement de la force productive du pays appartient à l'initiative privée, celle-ci a besoin d'être encouragée et soutenue par le gouvernement et ses agents. Notre réglementation est trop formaliste, trop fiscale, trop bienveillante vis-à-vis des indigènes, trop lente aussi. Plus que tous cela, les changements trop fréquents des fonctionnaires sont désastreux, parce qu'ils ne permettent pas à ces derniers de se mettre au courant de leur service spécial. Le fonctionnaire doit aide et protection au colon parce que ce dernier consacre son énergie, sa santé et ses capitaux à la mise en valeur du pays, parce que le colon donne à l'Annamite le plus efficace exemple de travail et de courage, par ce qu'il est lui-même le progrès sous toutes ses formes, pénétrant pacifiquement dans la brousse.

Si, comme je le disais tout à l'heure à propos de l'échec d'entreprises agricoles, il est arrivé que certains planteurs ont débuté avec des ressources trop modestes, il en est par contre que leur famille ou le goût des aventures ont poussé à venir " en consommation ''ici. Ils y ont laissé des capitaux sérieux, qui ont exclusivement profité à l'Annamite. Partout où il y a un colon, un nombre considérable d'indigènes vit de lui directement. La légende veut que le planteur exploite l'annamite. Dans la réalité, c'est *toujours* exactement le contraire.

Concessions aux indigènes. — Il est à souhaiter que l'administration fasse preuve de libéralisme et d'habile politique, en accordant *dans des conditions à détermi-ner*, des concessions agricoles à certains indigènes. Elle pourrait obtenir ainsi, sans qu'il en coûte un centime à l'Etat, la mise en valeur et le peuplement des régions actuellement désertes et incultes, qui demeureront longtemps encore dans cet état, si le prestige de l'agriculture n'est pas augmenté parmi le peuple annamite. Il est gigantesque d'avoir à constater que la plupart des Annamites n'ont d'autre profession pour gagner leur vie, que celle d'agriculteur ; et qu'il y ait d'une part tant de terres libres dans la moyenne et la haute région, d'autre part, tant d'Annamites miséreux ou vivant d'expédients dans tout le delta.

Voie ferrée Haiphong-Yunnansen. — Le trafic de cette ligne, à la montée comme à la descente, est susceptible d'un immense développement, soit pour les marchandises en provenance ou à destination de Hong-Kong, soit comme devant servir de débouché aux produits de fabrication locale (filés et autres) expédiés de Haiphong ou de l'intérieur du Tonkin, à destination du Yunnan. La ligne est en pleine exploitation depuis plusieurs mois : il ne tient qu'à l'administation et à nos industriels, d'en tirer tout le profit que nous en pouvons légitimement espérer.

De la filouterie indigène. — L'Annamite ignore complètement la parole donnée et les engagements pris. Il ne fait aucune différence entre l'adresse-

commerciale et l'escroquerie. Pour le caoutchouc par exemple, les indigènes ont tellement incorporé, dans les boules de matière première, des pierres, de la terre, des substances lourdes, de façon à augmenter le poids, que les exportateurs ont dû abandonner ce trafic ou couper *chaque* boule ou boudin dans tous les sens, afin d'en vérifier la pureté. Au maïs et au paddy livrés en sacs, ils mélangent du sable, toujours pour faire du poids. Ils louent, changent ou vendent les buffles des planteurs européens, lorsqu'ils ne les font pas travailler dans les champs voisins de quelques kilomètres, et leur appartenant, etc... etc... L'absence d'état civil facilite encore leur penchant naturel à la filouterie, inné chez eux, et encouragé par les châtiments bénins qui leur sont infligés, lorsqu'ils sont pris sur le fait. Comme ils nient toujours et nient même l'évidence, trop souvent ils bénéficient du doute, et sont acquittés. Les formalités de notre législation sont tellement compliquées, et coûteuses d'ailleurs, que l'Européen spolié, a souvent intérêt à se taire...

Du danger chinois. — Les Chinois, grâce à leurs puissantes associations, à leurs organisations de succursales dans tout l'Extrême-Orient, sont parfaitement renseignés sur l'utilisation et les cours de tel ou tel produit. Ils ont accaparé le riz, le maïs les haricots, le ricin, presque toutes les céréales et les sous-produits forestiers. Un boycottage venant d'eux correspond à des pertes considérables pour la colonie.

L'attention de l'autorité supérieure doit porter sur l'application de moyens propres à secouer l'apathie des indigènes, et à l'affranchir de la main-mise chinoise sur sa production ; sur la recherche des moyens propres à mettre l'Annamite en contact direct avec l'Européen acheteur. Cet état de choses, qui ne fait qu'empirer, et rend tous les jours les Chinois les maîtres absolus du Tonkin économique, est dû en partie aux négociants exportateurs qui non-seulement ont pris des Chinois comme intermédiaires, mais leur ont confié des avances considérables.

Il faut ajouter pour mettre les choses au point, que l'Annamite est d'une probité tellement relative en affaires, qu'il est peu prudent de lui confier des capitaux. Avec l'instruction, et surtout avec le plus grand bien-être actuel, il est probable que cette tendance native à la filouterie disparaîtra.

Qualités de l'Annamite. — L'Annamite, surtout le payan, est avant tout pratique. Il sait tirer parti de ce qu'il connaît, et ce n'est pas de sa faute s'il connaît peu de choses. Lorsqu'il saura tout le parti que l'on peut tirer de certains produits sur place, qu'il ignore, ou dont il ne connaît pas l'emploi, il s'empressera de le faire. Il est résistant, patient, excelle dans les menus travaux qui n'exigent pas un effort physique considérable. Dans cet ordre d'idées, la sériciculture lui convient admirablement. Il en est de même des cueillettes de graines, des cultures maraîchères, de certaines cultures industrielles, qu'il ne pratique pas encore suffisamment, et qu'il faut lui faire connaître.

Écoles professionnelles. — S'organisent plus sérieusement maintenant ; mais sont encore loin de répondre aux besoins croissants des nouvelles industries, et à l'extension de l'agriculture.

Ce que le gouvernement du Protectorat n'a pas encore suffisamment imposé, c'est **le prestige de l'autorité morale** à donner aux indigènes qui s'occupent des choses de la terre. Le lettré, l'entrepreneur, l'étudiant, le fameux étudiant qui se croit du génie, par ce qu'il dit seul : " Je... vingt piastres ", tous méprisent le nhaqué. Et ils ne le méprisent que parce qu'il s'occupe, ainsi croient-ils du moins, de travaux vulgaires. Il y a des mandarins de l'ordre administratif ou judiciaire, de l'ordre militaire ou de celui des lettrés. Il n'y en a pas de l'ordre de l'agriculture. Il devrait en exister, et dans ce pays-ci, ces derniers devraient avoir *la préséance* sur tous les autres ; car tout dépend ici des récoltes, de la mise en valeur du sol. Uu grand cultivateur indigène, intelligent, appliquant les méthodes européennes, rend plus de services à l'Etat, que ces nombreux mandarins, toujours souples comme des roseaux, parfois faux comme des jetons.

Fertilité du sol. — De nombreux champs donnent jusqu'à trois récoltes par an, le plus souvent deux, rarement une seule. Pendant la saison des pluies, le terrain produit du riz, puis ce sont le maïs ou les patates, ou le ricin, le sésame, l'arachide, le mil ou quelqu'autre plante à végétation assez rapide pour laisser le champ libre aux labours de la récolte principale.

Les Progrès de l'Indo-Chine viennent d'être encore officiellement et publiquement constatés à l'Exposition de Bruxelles. Voici quelques courts extraits des journaux.

" A droite, en entrant, des rotins, des chapeaux en bambous, du chiendent d'Annam, des échantillons de papier, des nattes, puis la très intéressante exposition de coton et kapock.

" La question des cotons mérite une mention toute spéciale. Elle intéresse plus particulièrement, en Belgique, les filateurs gantois......

" Il est également intéressant de signaler l'importance de la production, au Tonkin, de la pulpe de bambou, pour la fabrication du papier......

" Tout un côté est réservé aux produits ci-après énumérés : sucre, essences diverses, fruits de badiane essence de badiane, essence de fleur d'oranger, essence de verveine, puis un bloc de bois de badianier et quelques paquets de vétiver ; benjoins, laque, gomme gutte, résines, caoutchouc, gutta, balata.

" Le caoutchouc intéresse au plus haut point l'Indochine ......

" L'étagère au fond à gauche contient : des graines grasses diverses ; une corbeille et un bocal de mangoustanier ; des spécimens de colle de poisson, des épices et aromates.

" L'étagère, à gauche en entrant, a été réservée aux tabacs, textiles, monocotylédonés, dicotylédonés.

" Nos textiles sont assurés, paraît-il, de trouver en Belgique un débouché important......

" Des bijoux, des soieries aux teintes éclatantes, des bibelots, des peaux de tigres, des armes, des panneaux brodés, plateaux incrustés, des plumes de marabout, des vases en étain, des coussins de soie brodée et maints autres objets de valeur, s'imposent à l'admiration. Mais là encore, le côté pratique n'a pas été perdu de vue et l'observateur ne manquera pas d'examiner avec soin les échantillons de soie et cocons soigneusement groupés dans la vitrine centrale.

" L'industrie séricicole prend de jour en jour plus d'extension......

" Au centre on remarque les maïs et légumineuses, les thés et cafés, les tubercules, rhizomes et graines comestibles, les fruits divers et surtout les riz... etc... etc ... "

Touring-Club. — Un moyen de propagande fort simple, en faveur de l'Indochine en général, en plus de la vulgarisation par le livre, le journal et l'image, serait l'organisation par le Comité de Tourisme Colonial dont font partie notamment MM. Klobukowski et Outrey ; de voyages comprenant non seulement la visite des ruines d'Angkor et de la baie d'Along, mais une excursion dans l'intérieur du Tonkin. M. le Gouverneur Général a fourni déjà des renseignements du plus haut intérêt, et promis son appui ; les grandes agences de voyages ont donné leur adhésion ; il s'agit de passer à l'immédiate organisation pratique. Plus le Tonkin sera visité et connu, plus le commerce local, la colonie et les visiteurs, y gagneront.

IV

Voici donc une colonie où ont été faites d'heureuses
tentatives de culture du blé (entre Ha-Giang et
Bao-Lac) ; de mûrier ; de vigne ; d'arbre à stick-lak :
où, non seulement l'avenir de l'industrie séricicole
est certain, mais où se rencontre le ver-à-soie sauvage,
et en très grande abondance les matières premières
pour la fabrication du papier et des celluloses ; dont
la qualité des riz a été reconnue supérieure à celle
des riz de Cochinchine (docteur Courtois) ; dont
la qualité des cafés est, en France, très appréciée ; où
la matière première pour la fabrication des huiles et
des alcools est cultivée partout ; où les ficus et fourrages
poussent comme le chiendent ; dont les mines encore
inexploitées sont légion, et où une primitive exploitation de quelques-unes d'entre elles, a déjà enrichi
les exploitants ; dont le climat est salubre au point
que nombre d'entre nous ont célébré ou sont sur le
point de célébrer leurs noces d'argent avec le pays ; et
duquel, dans la Métropole, quelques uns doutent encore ! Il faut avouer que c'est étrange, et que si la politique et les gens d'affaires véreux avaient moins nu

à son développement, le Tonkin serait la plus belle de nos possessions *parce que ses ressources sont infinies.*

Ce sont surtout les exigences de la Métropole qui diminuent le rendement de la colonie. Nous payons au budget métropolitain : A — Treize millions et demi, pour dépenses militaires. (Cette somme n'est pas due cependant, parce que ces dépenses sont *fictives*, et ne s'élèvent pas au tiers pour l'Indo-Chine).

B. — Deux millions de contributions à toutes les œuvres françaises en Extrême-Orient (Cette charge, morale et financière, incombe à la Métropole, et non à la colonie).

C. — Du fait de conceptions métropolitaines, dans lesquelles la politique le dispute à la fausse vertu, nous perdons (affaires de l'opium et des cercles indigènes) quatre ou cinq millions. Ci : quinze à vingt millions de générosités, imposés à l'Indo-Chine. Il va de soi qu'aucune de nos colonies ne résisterait à pareille saignée. M. Klobukowski, a, avec raison, demandé la réduction tout ou moins, de ces virements illogiques.

On a parlé d'un nouvel emprunt. S'il est nécessaire, il est d'autant plus justifié que les capacités de production du pays sont susceptibles d'un développement constant ; et s'il est vrai qu'on ne prête qu'aux riches ; on couvrira plusieurs fois l'emprunt demandé pour le Tonkin, parce que le Tonkin vaut mieux que sa réputation.

Nous pensons que lorsque toutes les cultures et toutes les industrialisations des matières premières seront dans la période active, la question financière sera résolue pour toujours. Indigènes et Européens auront trouvé la souplesse nécessaire pour payer impôts et intérêts, et pour s'enrichir par surcroît.

Ce dont il faut nous garder aujourd'hui, ce sont des mots stériles, des expériences qui n'en sont plus. Colons et industriels trouveront au Musée Commercial, à la Direction de l'Agriculture et chez nos planteurs, tous les renseignements leur permettant de réunir la plus grande somme de chances de succès.

La période de la conquête est terminée depuis longtemps ; la paix intérieure est devenue un fait accompli sous M. Klobukowski ; l'âge de l'Agriculture est venu.

L'état général du commerce tonkinois, état dépendant entièrement des recettes indigènes, est excellent. "Jamais depuis la conquête, écrit M. Morice (*Tonkin*, 9 juillet 1910), les Annamites des villages ne manièrent autant d'argent ; ne vendirent mieux leurs récoltes de tout genre : paddy maïs, manioc... Tous ces produits qu'autrefois on ne cultivait que juste pour la consommation annuelle, faute d'écoulement, ont pris aujourd'hui une importance qu'ils n'eurent jamais. Les cultures s'étendent, des terrains dédaignés, dont autrefois on ne se servait pas, sauf comme paturages, sont utilisés ; on aborde des collines incultes depuis vingt-cinq ans, on les escalade pour les planter en manioc, en thé. Les exportateurs achètent les récoltes sur pied..."

Et c'est dans ce pays, aux ressources multiples, que nous venons de voir éclore les campagnes de partis, que nous assistons à l'intrusion néfaste d'une politique de mensonges, tendant à montrer une situation financière désastreuse, alors qu'en réalité la situation est bonne, malgré la poursuite d'un programme de travaux et d'amélioration gigantesques, économiques et sociales.

Quelques Européens habitués à vivre somptuairement, sans rien faire, des faveurs du Protectorat ; quelques autres qui sont persuadés qu'en dehors de Hanoï, il n'y a point de salut, crient au marasme des affaires, à la faillite. Nous venons de voir combien peu ces plaintes sont fondées.

Il est étrange d'avoir à constater que ces Français se nuisent à eux-mêmes et nuisent au Tonkin, en altérant la vérité, en décourageant la venue des capitaux et des industriels de la Métropole.

L'étude ci-dessus n'a d'autre but que de rétablir la vérité, en montrant par des chiffres et des constatations indiscutables, que les banquiers et industriels de la Métropole trouveront au Tonkin, en même temps qu'un vaste champ offert à leur initative et à leur activité, un emploi rémunérateur de leur capitaux.

Yen-Thé, le 1er Septembre 1910

L. B.

www.ingramcontent.com/pod-product-compliance
Lightning Source LLC
Chambersburg PA
CBHW061719060726
47597CB00006B/2476